LA GLOIRE DE LA FRANCE

Prix : 1 fr. 50

ÉMILE-PAUL, Libraire
100, RUE DU FAUBOURG-SAINT-HONORÉ, PARIS

L'AVIATION FRANÇAISE

Chaque jour nous apporte le récit des exploits nouveaux et de l'audace accrue de nos aviateurs, mais chaque jour aussi insère un nouveau feuillet de deuil au livre d'héroïsme écrit avec leur sang par nos soldats de l'air. Peu de gloires sont à la fois plus pures et plus ardemment conquises que celles qui se gagnent dans les combats du ciel. Sur une seule tête, sur une volonté isolée planent tous les périls de la guerre. Autour d'un homme seul, rôdent la traîtrise des éléments et les perfidies d'une mécanique, souvent rebelle à la volonté du pilote qui veut la discipliner. Mais les dangers et les risques, loin de diminuer la valeur morale de l'Aviation française, ont toujours porté plus haut l'enthousiasme des aviateurs et suscité parmi nos troupes un plus vif désir de prendre rang dans cette arme nouvelle.

Les exploits sportifs des pilotes civils du temps de paix avaient surpris l'admiration des foules, étonnées d'une si rapide conquête de l'air, après des siècles de rêve, de recherche et de déception. La guerre, en intensifiant et en développant le nouvel essor de l'homme, a donné à ces premiers essais audacieux et accidentels, la sûreté, la continuité et la méthode qui sont le propre des découvertes durables et qui assurent leur avenir.

On trouve dans cet album, qui devrait avoir des centaines de pages pour qu'aucun des précurseurs et des héros de l'Aviation n'y manquât, tous ceux qui ont servi le développement et la gloire de notre cinquième arme, NUNGESSER, qui aurait pu quitter sa vareuse d'aviateur pour le vêtement civil tant il a été grièvement blessé à diverses reprises, mais qui continue, infatigable, son métier de chasseur de l'air et qui a abattu à l'heure présente 31 avions ennemis; MADON, pilote de reconnaissance au début de la campagne, qui, prisonnier, s'est évadé pour devenir un grand chasseur et qui se classe actuellement en seconde ligne, après avoir abattu 23 appareils ennemis; FONCK, le vainqueur du pilote allemand qui parvint par surprise à vaincre le capitaine GUYNEMER et qui rejoindra bientôt MADON car il compte déjà 22 victoires; le capitaine HEURTAUX, vainqueur de 21 appareils allemands et qui est revenu au front à peine guéri de ses blessures, pour prendre le commandement de cette glorieuse escadrille des Cigognes qui fut le modèle de tous les groupes de chasse. Ils sont là, groupés sur la terre de Belgique où cette escadrille demeura quelque temps sous les ordres du commandant BROCARD. Celui-ci, chef aimé et suivi, pilote remarquable et lutteur intrépide, eut le mérite d'organiser le travail des avions de chasse sur appareils monoplaces et de discipliner ce travail en apprenant à ses pilotes la chasse par escadrille d'abord et par groupes d'escadrilles ensuite.

On voudrait les nommer tous, pour retenir, à travers les événements rapides et fuyants, des figures qu'on ne peut oublier, mais ils sont trop nombreux et les mots sont insuffisants à dire ce que nous devons à tant de jeunesse, à tant de vaillance et à tant de gloire.

A feuilleter cet album, on n'apprend point seulement à connaître les traits aimés des aviateurs célèbres, on se familiarise aussi avec les types d'appareils qui sont en leurs mains, avec la rude discipline des écoles d'aviation de l'arrière et avec la vie de travail intense qui est celle des escadrilles de l'avant.

Du jour où le combattant, venu d'une autre arme, est entré dans l'aviation, il pénètre dans un monde nouveau pour lui. Il est d'abord dirigé sur une des écoles de l'intérieur. L'apprentissage y est devenu rapide. Avant la guerre il fallait un an pour former un pilote : maintenant, en trois mois, un fantassin ou un artilleur se trouve transformé en un pilote expérimenté En temps de paix, les pilotes civils ou militaires ne prenaient l'air que lorsque les circonstances atmosphériques étaient nettement favorables, tant il paraissait périlleux de voler par le brouillard ou par le grand vent. Depuis la guerre, les pilotes militaires sortent par tous les temps, aussi bien dans les écoles de l'arrière que dans les escadrilles du front. Personne n'hésite plus à se risquer dans le ciel douteux ou même à affronter des tempêtes quand le devoir l'exige.

Le devoir ! Quels soldats de la grande guerre s'y sont plus volontairement soumis que les pilotes et les observateurs qui, depuis le 2 août 1914, ont lutté sans trêve pour nous assurer définitivement la maîtrise des airs ? Qu'ils aient été spécialisés dans la reconnaissance, dans le bombardement ou dans la chasse, ils se sont voués, de toute leur foi, de tous leurs efforts à l'accomplissement des tâches que leurs chefs leur confiaient.

Partis, au début des hostilités, sur des avions médiocres à montée lente et sur lesquels l'observateur ne pouvait ni travailler aisément, ni se défendre avec sûreté, les aviateurs de reconnaissance ont pu informer le Commandement, jour par jour, de la marche des armées ennemies et lui rapporter des renseignements précieux sur les positions des batteries, sur l'emplacement des tranchées et sur l'entrée en ligne des réserves. Les aviateurs de reconnaissance ont créé le réglage de tir de l'artillerie à l'aide de la T. S. F., la prise des photographies des positions ennemies à très haute ou à très basse altitude et, récemment, ils ont dû accompagner les vagues d'infanterie sortant des tranchées dans les jours d'offensive, stimulant le courage de nos fantassins et assurant la liaison des troupes avec le Commandement. MENDES, ROECKEL, AYRAL, MUTEL, SAUMANDE, COMBAZ, DE LARMINAT, parmi tant d'autres qui les suivent, on trouvera ici, avec gratitude, le nom de ces initiateurs

De même, on gardera le souvenir des chefs intrépides qui se sont appelés DE GOYS, HAPPE, DE KERILLIS, SALLIER, LAURENS, DE BEAUCHAMP, PERSONNE, sous les ordres desquels nos aviateurs de bombardement ont réalisé des prouesses admirables, exécutant des raids comme ceux de Ludvigshafen au mois de mai 1915, au moment où les aviateurs allemands n'osaient s'aventurer au delà de nos lignes. Les premiers, ils ont accompli méthodiquement des bombardements de nuit sur des objectifs militaires, tandis que les aviateurs ennemis considéraient encore le vol de nuit comme un risque sportif.

Mais, de même que les grandes campagnes du passé se symbolisent en quelques figures historiques, qui rassemblent les traits épars de l'action nécessairement divisée et complexe, de même nos campagnes de l'air seront longtemps fixées en leur diversité dans les traits du capitaine GUYNEMER, notre jeune et pur chevalier du ciel. « Du lycée où il apprenait l'histoire de France et qu'il n'a quitté que pour écrire une page de plus, disait de lui son chef, le commandant BROCARD, il est allé à la guerre, ses yeux volontaires fixés sur le but tracé, poussé par je ne sais quelle force mystérieuse que j'ai respectée, comme on respecte la mort ou le génie. »

Cette force, qui est celle de notre race, elle a animé et elle animera toujours nos aviateurs, bien moins jaloux de lui survivre que de partager son destin.

Et c'est elle encore qui, demain, quand la paix aura donné à la France sa sécurité d'avenir et les gages de justice pour lesquels elle reste inébranlable dans la lutte, c'est elle qui assurera à notre aviation, devenue un grand moyen de rapprochement entre les hommes, une figure tranquille et sereine où se liront comme aujourd'hui ce que la France offre au monde de science laborieuse et de conscience droite.

Daniel VINCENT.

FRENCH AVIATION.   **L'AVIATION FRANÇAISE**   ФРАНЦУЗСКАЯ АВІАЦІЯ.
DEN FRANSKE AVIATION.   FRANSCHE LUCHTVAART.   DET FRANSKA FLYGVAPNET.   DEN FRANSKE AVIATION

1. Un avion bi-moteur — Aeroplane with a double motor — Самолетъ съ двойнымъ моторомъ — En Dobbeltflyvemaskine — Een vliegtuig met twee motoren — En aeroplan med två motorer — En Dobbeltflyvemaskine.

2. Hydravions — Hydroplanes — Гидропланы — Vandflyvemaskine — Water-vliegtuigen — Vattenaeroplaner — Vandflyvemaskine.

FRENCH AVIATION. L'AVIATION FRANÇAISE ФРАНЦУЗСКАЯ АВІАЦІЯ.
DEN FRANSKE AVIATION. FRANSCHE LUCHTVAART. DET FRANSKA FLYGVAPNET. DEN FRANSKE AVIATION.

1. Le maréchal Joffre visite un camp d'aviation — Field-Marshal Joffre visiting an aviation camp — Маршалъ Жоффръ осматриваетъ аиіаціонный лагерь — Marechal Joffre aflægger Besøg i en Flyverlejr — Maarschalk Joffre bezoekt een luchtvaart-kamp — Marskalk Joffre besöker ett flygläger — Marechal Joffre aflægger Besøg i en Flyverlejr. — 2. Le général Pétain décore des aviateurs — General Pétain decorating aviators — Генералъ Петэнъ награждает аиіаторовъ знаками отличія — General Pétain dekorerer Flyvere — Generaal Pétain decoreert aviateurs — General Pétain dekorerar flygare — General Pétain dekorerer Flyvere.

FRENCH AVIATION.   L'AVIATION FRANÇAISE   ФРАНЦУЗСКАЯ АВІАЦІЯ.
DEN FRANSKE AVIATION.   FRANSCHE LUCHTVAART.   DET FRANSKA FLYGVAPNET.   DEN FRANSKE AVIATION.

1. L'adjudant Madon — Adjudant Madon — Адъютантъ Мадонъ — Adjudant Madon — Adjudant Madon — Bataljons-adjutant Madon — Adjudant Madon. — 2. Le capitaine Heurteaux et le lieutenant Fonck — Capitaine Heurteaux and lieutenant Fonck — Капитанъ Орто и поручикъ Фонкъ — Kaptain Heurteaux og Løjtnant Fonck — Kapitein Heurteaux en luitenant Fonck — Kapten Heurteaux och löjtnant Fonck — Kaptain Heurteaux og Løjtnant Fonck. — 3. Le sous-lieutenant Gilbert — Second-Lieutenant Gilbert — Подпоручикъ Жильберъ — Secondløjtnant Gilbert — Onder-luitenant Gilbert — Underlöjtnant Gilbert — Secondløjtnant Gilbert. — 4. Le colonel Girod décore le lieutenant Chatelain — Colonel Girod decorating Lieutenant Chatelain — Полковникъ Жиро награждаетъ поручика Шатлена знакомъ отличія за храбрость — Oberst Girod dekorerer Løjtnant Chatelain — Kolonel Girod decoreert luitenant Chatelain — Överste Girod dekorerar löjtnant Chatelain — Oberst Girod dekorerer Løjtnant Chatelain. — 5. Le Roi des Belges décore le sous-lieutenant Nungesser — The King of the Belgians decorating Second Lieutenant Nungesser — Бельгійскій король награждаетъ орденомъ подпоручика Нунгессера — Kongen af Belgien dekorerer Løjtnant Nungesser — De koning der Belgen decoreert den onder-luitenant Nungesser — Belgiernas konung dekorerar underlöjtnant Nungesser — Kongen af Belgien dekorerer Løjtnant Nungesser.

FRENCH AVIATION. L'AVIATION FRANÇAISE ФРАНЦУЗСКАЯ АВІАЦІЯ.
DEN FRANSKE AVIATION. FRANSCHE LUCHTVAART. DET FRANSKA FLYGVAPNET. DEN FRANSKE AVIATION.

1. Une popote d'aviateurs — Aviators at lunch — Полевая кухни авіаторовъ — En flyverhusholdning — Een aviateurstafel te velde — En flygaremess — En flyverhusholdning. — 2. Aviateurs allemands prisonniers — Captive enemy aviators — Германскіе авіаторы въ плѣну — Tyske Flyvere taget til Fange — Gevangn Duitsche aviateurs — Tillfångatagna tyska flygare — Tyske Flyvere taget til Fange. — 3. L'heure du repos — The recreation hour — Отдыхъ — Hviletiden — Rustuur — Hvilostunden — Hviletiden. — 4. Ecole de mécaniciens — School for mechanics — Школа для механиковъ — Mekanikerskole — School voor machinemakers — Mekanistskola — Mekaniker.kole.

FRENCH AVIATION.　　　**L'AVIATION FRANÇAISE**　　　ФРАНЦУЗСКАЯ АВІАЦІЯ.
DEN FRANSKE AVIATION.　　FRANSCHE LUCHTVAART.　　DET FRANSKA FLYGVAPNET.　　DEN FRANSKE AVIATION.

1. Avion allemand abattu près d'Arras — German aeroplane brought down near Arras — Германскій самолетъ сбитый вблизи Арраса — Tysk Flyvemaskine slaaet ned nærved Arras — Een by Arras neergeschoten vliegtuig — Tysk flygmaskin nedskjuten — Tysk Flyvemaskine slaaet ned nærved Arras. —
2. Exposition sur une place de Dunkerque des débris d'un avion allemand abattu au cours d'un raid sur la Ville — Remains of a German aeroplane brought down near the town displayed in the streets of Dunkirk — Осколки германскаго самолета выставленные на одной изъ площадей Дюнкирхена. Самолетъ былъ сбитъ во время полета надъ этимъ городомъ — Udstilling paa en Plads i Dunkerque af Brudstykker af en tysk Flyvemaskine slaaet ned under en Raid paa Byen — De overblyfselen van een Duitsch vliegtuig, tydens een *raid* boven Duinkerke neergeschoten en op een plein van deze stad te kyk gesteld — Utställning på en plats i Dunkerque av spillrorna efter en tysk flygmaskin som skjutits ned under ett anfall mot staden — Udstilling paa en Plads i Dunkerque af Brudstykker af en tysk Flyvemaskine slaaet ned under en Raid paa Byen.

FRENCH AVIATION.   L'AVIATION FRANÇAISE   ФРАНЦУЗСКАЯ АВІАЦІЯ.
DEN FRANSKE AVIATION.   FRANSCHE LUCHTVAART.   DET FRANSKA FLYGVAPNET.   DEN FRANSKE AVIATION.

1. Zeppelin contraint par les avions français d'atterrir intact près de Bourbonne — The Zeppelin which the French planes induced to land near Bourbonne — Цеппелинъ котораго французскіе летчики принудили спуститься вблизи Бурбонъ, не нанеся ему никакихъ поврежденій — Zeppelin tvunget af franske Flyvemaskiner til at havne uskadt nærved Bourbonne — Een Zeppelin by Bourbonne door Fransche vliegtuigen gedwongen ongedeerd te landen — En Zeppelin nödgas av de franska maskiner att gå ned oskadd nära Bourbonne — Zeppelin tvunget af franske Flyvemaskiner til at havne uskadt nærved Bourbonne. — 2. Avion allemand contraint par les avions français d'atterrir dans les lignes françaises — German plane obliged, by pursuing planes, to land in the French lines — Германскій аэропланъ принужденный французскими летчиками спуститься внутри французскихъ позицій — Tysk Flyvemaskine tvunget af de franske Flyvemaskiner til at gaa ned i de franske Linier — Een Duitsch vliegtuig door Fransche vliegtuigen gedwongen binnen de Fransche liniën te landen — En tysk maskin nödgas av de franska maskinerna att gå ned inom de franska linjerna — Tysk Flyvemaskine tvunget af de franske Flyvemaskiner til at gaa ned i de franske Linjer.

FRENCH AVIATION.   L'AVIATION FRANÇAISE   ФРАНЦУЗСКАЯ АВІАЦІЯ.
DEN FRANSKE AVIATION.   FRANSCHE LUCHTVAART.   DET FRANSKA FLYGVAPNET.   DEN FRANSKE AVIATION.

1. M. Sharp ambassadeur des Etats-Unis visite le champ d'aviation d'Avord — Mr. Sharp, United States Ambassador, visiting the aviation camp of Avord — Г. Шарп, американскій посланникъ объѣзжаетъ авіаціонный лагерь въ Аворъ — M Sharp den amerikanske Ambassadør aflægger Besøg i Flyverlejren ved Avord — De heer Sharp, ambassadeur der Vereenigde Staten, bezoekt het vliegkamp te Avors — Den amerikanska ambassadören i Frankrike Mr. Sharp besöker flyglägret vid Avord — M. Scharp den amerikanske Ambassadør aflægger Besøg i Flyverlejren ved Avord. — 2. Colonel Japonais en mission dans un aérodrome français — A Japanese Colonel on a mission in a French aviation camp — Японскій полковникъ пріѣхавшій для осмотра французскаго аэродрома — Japansk Oberst i mission i en fransk Flyverplads — Officiel bezock van een Japansch kolonel aan een Fransch vliegveld — En japansk överste i mission besöker en fransk flygbana — Japansk Oberst i mission i en fransk Flyverplads. — 3. Le Roi et la Reine des Belges inspectent un camp d'aviation français en Flandre — The King and Queen of the Belgians inspecting a French aviation camp in Flanders — Бельгійская королевская чета осматриваетъ французскій авіаторскій лагерь во Фландріи — Kongen og Dronningen af Belgien inspekterer en fransk Flyverlejr i Flandern — De koning en de koningin der Belgen inspecteeren een Fransch luchtvaart-kamp in Vlaanderen — Belgiernas konung och drottning inspektera ett fransk flygläger i Flandern — Kongen og Dronningen af Belgien inspekterer en fransk Flyverlejr i Flandern.

FRENCH AVIATION. L'AVIATION FRANÇAISE ФРАНЦУЗСКАЯ АВІАЦІЯ.
DEN FRANSKE AVIATION. FRANSCHE LUCHTVAART. DET FRANSKA FLYGVAPNET. D N FRANSKE AVIATION.

1. Le général Franchet d'Esperey félicite des officiers aviateurs après un raid — General Franchet d'Esperey congratulating French aviators after a raid — Генералъ Франше д'Эспере поздравляетъ офицеровъ послѣ полета — General Franchet d'Esperey lykønsker Flyverofficerer efter en Raid — General Franchet d'Esperey betuigt zyn tevredenheid aan Fransche vlieg-officieren die van een raid terugkeeren — General Franchet d'Esperey lyckönskar flygofficerare efter en « raid » — General Franchet d'Esperey lykønsker Flyverofficerer efter en Raid. — **2.** Remise de décorations à deux aviateurs — Decorations for two aviators — Вручение орденовъ двумъ авіаторамъ — To Flyverofficerer dekoreres — De decoreering van twee aviateurs — Två flygare dekoreras. — To Flyverofficerer dekoreres.

THE FRENCH IN ITALY.   LES FRANÇAIS EN ITALIE   ФРАНЦУЗЫ ВЪ ИТАЛІИ
FRANSKMÆNDENE I ITALIEN: DE FRANSCHEN IN ITALIE.   FRANSMÄNNEN I ITALIEN.   FRANSKMÆNDENE I ITALIEN.

1. Monument commémoratif de la bataille d'Arcole — Commemorative monument of the battle of Arcola — Памятникъ, воздвигнутый на полѣ битвы при Арколо — Mindesmærke over Slaget i Arcole — Monument ter nagedachtenis aan den veldslag van Arcole — Minnesmärke efter slaget vid Arcole — Mindesmærke over Slaget i Arcole. — 2. Pèlerinage au monument commémoratif de Rivoli — Visit to the commemorative monument of Rivoli — Паломничество къ памятнику Риволи — Pilgrimsfart til Mindesmærket over Rivoli — Pelgrimstocht naar het monument ter herinnering aan den slag by Rivoli — En vallfart till minnesmärket efter slaget vid Rivoli — Pilgrimsfart til Mindesmærket over Rivoli.

THE FRENCH IN ITALY — LES FRANÇAIS EN ITALIE — ФРАНЦУЗЫ ВЪ ИТАЛІИ.
FRANSKMÆNDENE I ITALIEN. — DE FRANSCHEN IN ITALIE — FRANSMÄNNEN I ITALIEN. — FRANSKMÆNDENE I ITALIEN.

1. Convoi français passant les Alpes — French convoy crossing the Alps — Французскій обозъ проходитъ черезъ Альпы — Fransk Provianteringstog drager over Alperne — Een Fransch convooi op weg door de Alpen — Ett franskt ammunitionståg far över Alperna — Fransk Provianteringstog drager over Alperne. — 2. Le général Fayolle — General Fayolle — Генералъ Файоль — General Fayolle — Generaal Fayolle — General Fayolle — General Fayolle. — 3. Cavalerie française traversant Verone — French cavalry passing through Verona — Французская кавалерія проходитъ по улицамъ Вероны — Fransk kavalleri gaar over Verone — Fransche cavalerie op den doorrit te Verona — Franskt kavalleri ridande genom Verona — Fransk kavalleri gaar over Verone. — 4. Artillerie lourde à Castelfranco — Heavy artillery at Castelfranco — Тяжелая артиллерія въ Кастельфранко — Svært Artilleri i Castelfranco — Zware

THE FRENCH IN ITALY.   LES FRANÇAIS EN ITALIE   ФРАНЦУЗЫ ВЪ ИТАЛІИ
FRANSKMÆNDENE I ITALIEN.   DE FRANSCHEN IN ITALIË.   FRANSMANNEN I ITALIEN.   FRANSKMÆNDENE I ITALIEN.

artilleri te Casteltranco — Grovt artilleri vid Casteltranco — Svært Artilleri i Castelfranco. — **5.** Le général Peppino Garibaldi entouré d'officiers français — General Peppino Garibaldi with French officers — Генералъ Пеппино Гарибальди въ кругу французскихъ офицеровъ. — General Peppino Garibaldi omringet af franske Officerer — Generaal Peppino Garibaldi door Fransche officieren omringd — General Peppino Garibaldi omgiven av franska officerare — General Peppino Garibaldi omringet af franske Officerer. — **6.** Tranchée française au bord de la Piave — French trench on the banks of the Piave — Французскіе окопы на берегу рѣки Піавы — Fransk Løbegrav ved Bredden af Piave — Fransche loopgraaf langs de Piave-rivier — Fransk skyttegrav vid stranden av Piave — Franske Skyttergrav ved Bredden af Piave.

ON THE FRENCH FRONT.   SUR LE FRONT DE FRANCE   НА ФРАНЦУЗСКОМЪ ФРОНТѢ.
PAA DEN FRANSKE FRONT.   AAN HET FRONT IN FRANKRYK.   VID DEN FRANSKA FRONTEN.   PAA DEN FRANSKE FRONT.

1. Infanterie française partant à l'attaque — French infantry about to attack — французская пѣхота идущая въ атаку — Fransk infanteri gaar til angreb — Een aanval van Fransche infanterie — Franska infanterisoldater gå till anfall — Fransk infanteri gaar til Angrep.

2. Observatoire en Alsace — Observatory in Alsace — Наблюдательный постъ въ Эльзасѣ — Observatorium i Elsass — Observatiepost in den Elzas — Utkikspost i Elsass — Observatorium i Elsass.

ON THE FRENCH FRONT.   SUR LE FRONT DE FRANCE   НА ФРАНЦУЗСКОМЪ ФРОНТѢ.
PAA DEN FRANSKE FRONT.   AAN HET FRONT IN FRANKRYK.   VID DEN FRANSKA FRONTEN.   PAA DEN FRANSKE FRONT.

1. Le général Pétain remet la fourragère au 8ᵉ régiment d'Infanterie — General Pétain presenting the *fourragère* to the 8th regiment of infantry — Генералъ Петэнъ вручаетъ фуражерку 8 пѣхотному полку. General Pétain dekorerer det 8ᵈᵉ infanteriregiment — Generaal Pétain reikt de fourragère uit aan het 8ᵉ regiment infanterie — General Pétain dekorerar det 8ᵈᵉ infanteriregementet — General Pétain dekorerer det 8ᵈᵉ infanteriregiment. — 2. Le général Anthoine salue un drapeau de son armée — General Anthoine saluting the colours — Генералъ Антоанъ отдаетъ честь одному изъ знаменъ своей арміи. — General Anthoine hilser en af sin armés faner — Generaal Anthoine salueert een vaandel van zyn leger — General Anthoine hälsar en av sin armés fanor — General Anthoine hilser en af sine armés faner.

I PALÆSTINA.   IN PALESTINE.   **EN PALESTINE**   ВЪ ПАЛЕСТИНѢ.
                 IN PALESTINA.   I PALESTINA.   IN PALÆSTINA.

1. Dans le désert : poste d'observation — In the desert : observation post — Въ пустынѣ — обсерваціонный пунктъ — I Ørkenen : Observationspost — In de woestyn : Een observatie-post — En utkiktspost i öknen — I Ørkenen : Observationspost.

2. Dans le désert : poste avancé — In the desert : an advanced post — Въ пустынѣ — передовой обсерваціонный пунктъ — I Ørkenen : Udsat Stilling — In de woestyn : Een voorpost — En förpost i öknen — I Ørkenen : Udsat Stilling.

IN PALESTINE.   EN PALESTINE   ВЪ ПАЛЕСТИНѢ.
I PALÆSTINA.   IN PALESTINA.   I PALESTINA,   I PALÆSTINA.

1. Colonne traversant une oasis — Column crossing an oasis. — 1 Колонна проходящая черезъ оазисъ. — En kolonne der gaar over en oase — Een colonne trekt door een oasis — En kolonn under marsch genom en oas — Ein kolonne der gaar over en oase. — **2.** En marche vers Jérusalem — On the march towards Jerusalem — На пути къ Іерусалиму — Marchen mod Jerusalem — Op marsch naar Jerusalem — På väg till Jerusalem — Marchen mod Jerusalem.

| I GRÆKENLAND. | IN GREECE | IN GRIEKENLAND. | **EN GRÈCE** | I GREKLAND. | ВЪ ГРЕЦІИ | I GRÆKENLAND. |

1. Sous la direction d'officiers français, fantassins et artilleurs grecs s'entraînent — Gunners and infantry being trained by French officers — Греческіе пѣхотинцы и артиллеристы — Under Ledelse af franske officerer indøves græske infanterister og artillerister — Grieksche infanteristen en artilleristen worden onder het toezicht van Fransche officieren afgericht — Grekiska fanterister och artillerister övas under ledningen av franska officerare — Under Ledelse af franske officerer indøves græske infanterister og artillerister.

I ORIENTEN.   IN THE EAST.   IN HET OOSTEN.   **EN ORIENT**   I ORIENTEN.   НА ВОСТОКѢ.   I ORIENTEN.

AUX COUVENTS DU MONT ATHOS — AT THE CONVENTS OF MOUNT ATHOS — Въ монастыряхъ на Аѳонѣ — I KLOSTRENE MONT ATHOS — DE KLOSTERS VAN DEN MONT ATHOS — I ATHOSBERGETS KLOSTER — I KLOSTRENE MONT ATHOS

1. Vestibule du couvent de Vatopedi — Hall in the Convent of Vatopedi — Вестибюль монастыря Ватопеди — Vestibule i klostret Vatopedi — Vestibule van het klooster van Vatopedi — Vatopediklostrets förstuga — Vestibule i klostret Vatopedi — **2.** L'Arsenal de Pantocratos — The arsenal of Pantocrates — Арсеналъ въ Пансератосѣ — Arsenalet i Pantocrates — Het arsenaal van Pantocrates — Pantocrates arsenalen — Arsenalet i Pantocrates — **3.** Moines pêcheurs — Fishermen-monks — Монахи рыболовы — Munke som Fiskere — Monniken-visschers — Fiskare-munkar — Munke som Fiskere.

19

IN MOROCCO. AU MAROC ВЪ МАРОККО.
I MAROKKO. IN MAROKKO. I MAROCKO. I MAROKKO.

1. Le général Lyautey décore un chef marocain — General Lyautey decorating a Moroccan chief — Генералъ Ліотэ награждаетъ Марокскаго начальника — General Lyautey dekorerer en marokansk chef — Generaal Lyautey decoreert een Marokkaansch hoofd — General Lyautey dekorerar en marockansk stamchef — General Lyautey dekorerer en marokansk chef. — 2. Construction d'une route — Laying a road — Постройка дороги — Anlæggelse af en Vej — Het aanleggen van een weg — Uppbyggande av en väg — Anlæggelse af en Vej.

THE POLISH ARMY.   L'ARMÉE POLONAISE   ПОЛЬСКАЯ АРМИЯ
DEN POLSKE ARMÉ   HET POOLSCHE LEGER.   DEN POLSKA ARMÉN.   DEN POLSKE ARMÉ.

1. La messe au camp — Mass in camp — Обѣдня въ лагерѣ — Gudstjenesten i Lejren — De mis in het kamp — Gudstjenst i lägret — Gudstjenesten i Lejren. — 2. Le général Archinard inspecte un bataillon — General Archinard inspecting a battalion — Генералъ Аршинаръ производитъ смотръ баталіону — General Archinard inspicerer en bataljon — Generaal Archinard inspecteert een bataljon — General Archinard inspekterar en bataljon — General Archinard inspicerer en bataljon.

IN THE CAMEROON COUNTRY.   **AU CAMEROUN**   ВЪ КАМЕРУНѢ.
I CAMEROUN.   IN KAMEROEN.   I KAMERUN.   I CAMEROUN.

1. Tirailleurs à l'exercice — *Tirailleurs* drilling — Стрѣлки на ученіи — Franco-native courts · Судъ состоящій изъ французовъ и туземцевъ. — En Domstol af franske og indfødte — Een Fransch-Inlandsche rechtbank — Tirailleurs der foretager Øvelser — Exerceerende tirailleurs — Tiraljörer i exercis — Tirailleurs der foretager Øvelser. — **2.** Tribunal franco-indigène — Fransk-inhemsk domstol   En Domstol af franske og indfødte.

THE COLONIES' SUPPORT TO FRANCE. L'AIDE DES COLONIES A LA FRANCE ПОМОЩЬ ФРАНЦІИ ОТЪ ЕЯ КОЛОНІЙ.
KOLONIERNES HJÆLP TIL FRANKRIG. DE HULP DER KOLONIEN AAN FRANKRYK. KOLONIERNAS HJÄLP TILL FRANKRIKE. KOLONIERNES HJÆLP TIL FRANKRIG.

1. Malgaches construisant un pont — Malgaches laying a bridge — Мальгаши при постройкѣ моста — Malgacher bygger en bro — Het slaan van een brug door Madegassers — Madagaskarinvånare bygga en bro — Malgacher bygger en Bro. — **2.** Cours d'agriculture moderne aux blessés musulmans — Classes in modern agriculture for wounded Mahomedans — Преподаваніе раненымъ мусульманамъ современныхъ методовъ земледѣлія — Undervisning i Agerbrug til de saarede muselmænd — Moderne landbouw-cursus voor mohammedaansche gewonden — Undervisning i modernt åkerbruk för sårade Muselmän — Undervisning i Agerbrug til de saarede muselmænd.

HERE AND THERE. UN PEU PARTOUT ПОВСЮДУ.
LIDT FRA ALLE STEDER. ALLERLEI. LITET ÖVERALLT. LIDT FRA ALLE STEDER.

1. Conductrice de camion militaire — A lady-chauffeur to the French army — Женщина-правящая военнымъ фургономъ. — Kvindelig Lastautomobil chauffør — Een militaire vracht-auto door een vrouw bestuurd — Kvinnlig chaufför av en militär-camion — Kvindelig Lastautomobil chauffør. — 2. Enterrement à Paris du général Grossetti — The funeral at Paris of General Grossetti - Похороны генерала Гросетти въ Парижѣ — General Grossettis begravelse i Paris — De begrafenis van generaal Grossetti te Parys — General Grossettis begravning i Paris — General Grossettis Begravelse i Paris. — 3. Les décorations alliées accordées à la Ville de Verdun — Decorations presented by the allies to the town of Verdun — Ордена пожалованные союзниками городу Вердену — De allieredes dekorationer tilstillet byen Verdun — De decoraties door de Geallieerden aan de Stad Verdun verleend — De allierades dekorationer varmed Verdun utmärkts — De allieredes dekorationer tilstillet byen Verdun.

www.ingramcontent.com/pod-product-compliance
Lightning Source LLC
Chambersburg PA
CBHW060614050426
42451CB00012B/2247